AF186866

Impressum
Verlag: BABADADA GmbH, Nedderfeld 112 , 22529 Hamburg
Geschäftsführer / Verlagsleitung: Harald Hof
Druck: Books on Demand GmbH, In de Tarpen 42, 22848 Norderstedt

Imprint
Publisher: BABADADA GmbH, Nedderfeld 112 , 22529 Hamburg, Germany
Managing Director / Publishing direction: Harald Hof
Print: Books on Demand GmbH, In de Tarpen 42, 22848 Norderstedt

l'école
school

la salle de classe
klaslokaal

diviser
delen

186/2

le tableau noir
bord

la cour (de récréation)
schoolplein

le professeur
leraar

le papier
papier

écrire
schrijven

le stylo
pen

le bureau
bureau

la règle
lineaal

le livre
boek

l'élève
leerling

le cartable
schooltas

la trousse
etui

le crayon
potlood

le taille-crayon
puntenslijper

la gomme
gum

le carnet à dessin
schetsblok

le dessin
tekening

le pinceau
penseel

la boîte de peinture
verfdoos

les ciseaux
schaar

la colle
lijm

le cahier d'exercices
schrift

les devoirs
huiswerk

le chiffre
getal

2+2

additionner
optellen

5-2

soustraire
aftrekken

multiplier
vermenigvuldigen

calculer
rekenen

la lettre
letter

l'alphabet
alfabet

le mot
woord

le texte

tekst

lire

lezen

la craie

krijt

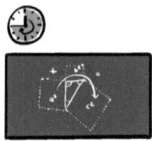

la leçon

les

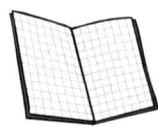

le livre de classe

klassenboek

l'examen

examen

le certificat

diploma

l'uniforme scolaire

schooluniform

la formation

opleiding

le lexique

encyclopedie

l'université

universiteit

le microscope

microscoop

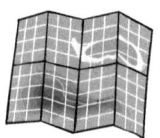

la carte

kaart

la corbeille à papier

prullenmand

le voyage
reis

Grand
l'hôtel
hotel
l'auberge
hostel
ROOMS
CHANGE
le bureau de change
wisselkantoor
la valise
koffer
la voiture
auto

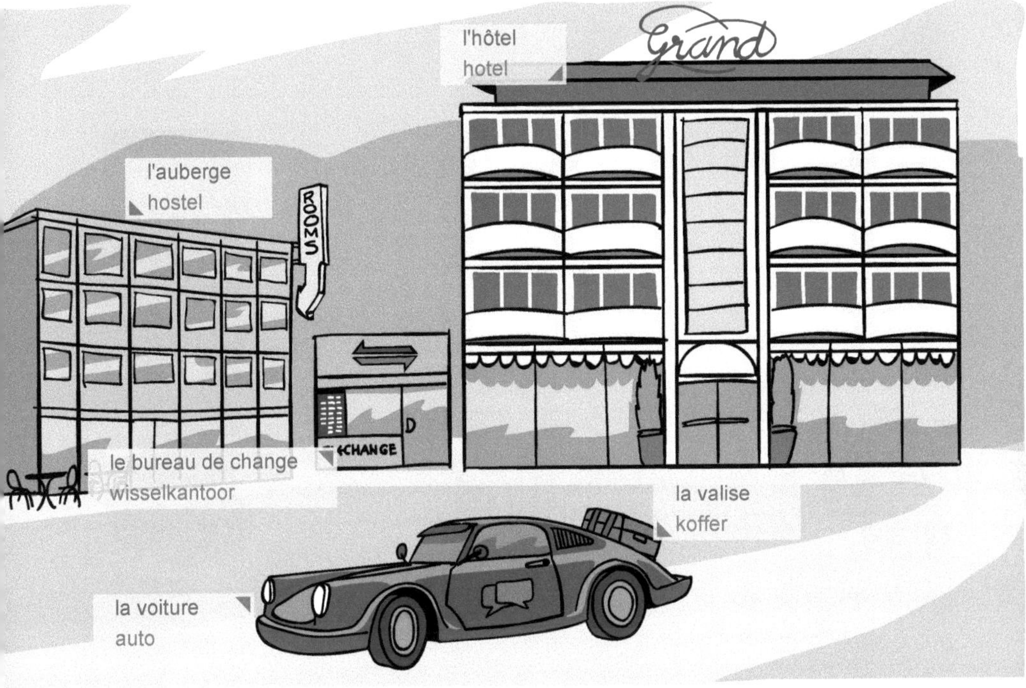

la langue

taal

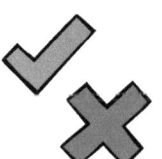

oui / non

ja / nee

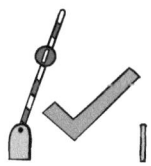

d'accord

oké

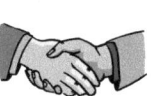

Salut

Hallo!

l'interprète

tolk

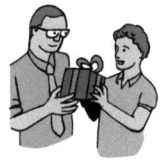

merci

Bedankt.

Combien coûte...?

Wat kost ...?

Je ne comprends pas

Ik begrijp het niet.

le problème

probleem

Bonsoir !

Goedenavond!

Bonjour !

Goedemorgen!

Bonne nuit !

Goedenacht!

Au revoir

Tot ziens!

la direction

richting

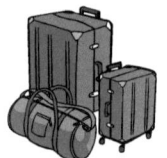

les bagages

bagage

le sac

tas

le sac-à-dos

rugzak

l'hôte

gast

la pièce

kamer

le sac de couchage

slaapzak

la tente

tent

le voyage - reis

l'office de tourisme

VVV-kantoor

la plage

strand

la carte de crédit

creditkaart

le petit-déjeuner

ontbijt

le déjeuner

lunch

le dîner

diner

le billet

kaartje

l'ascenseur

lift

le timbre

postzegel

la frontière

grens

la douane

douane

l'ambassade

ambassade

le visa

visum

le passeport

paspoort

le transport
transport

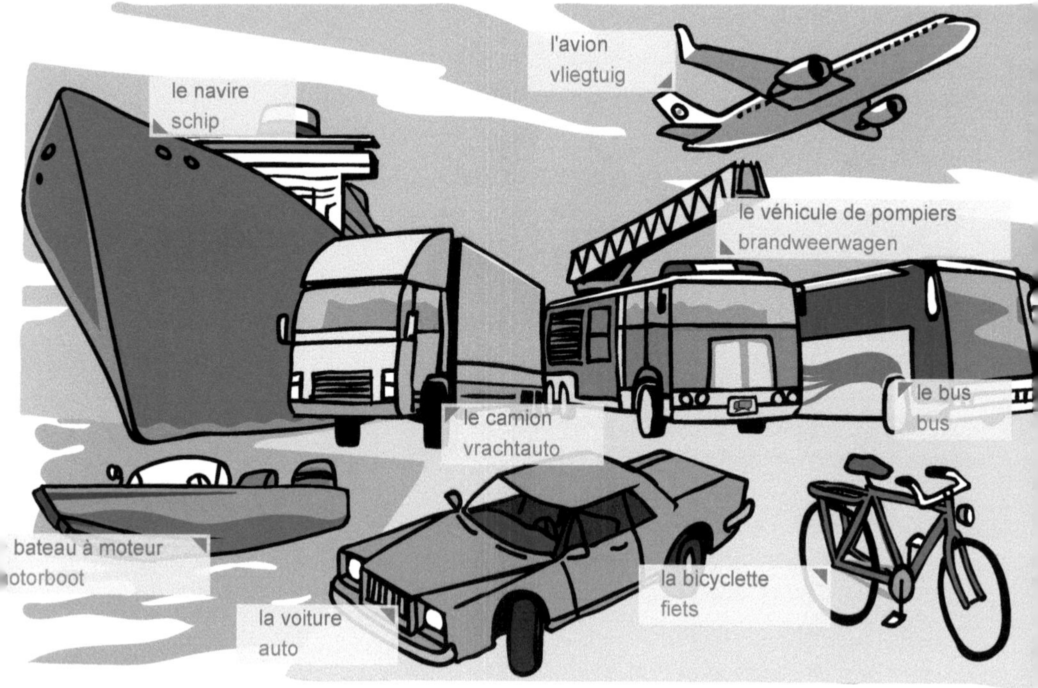

l'avion
vliegtuig
le navire
schip
le véhicule de pompiers
brandweerwagen
le camion
vrachtauto
le bus
bus
bateau à moteur
otorboot
la bicyclette
fiets
la voiture
auto

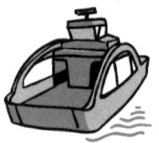

le ferry

veerboot

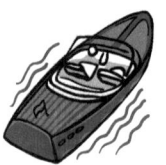

la barque

boot

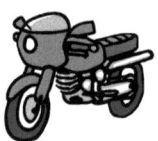

la moto

motorfiets

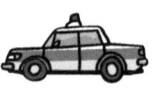

la voiture de police

politiewagen

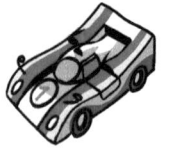

la voiture de course

raceauto

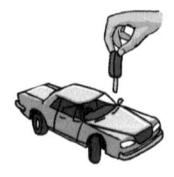

la voiture de location

huurauto

l'auto-partage
....
carsharing

la voiture de remorquage
....
takelwagen

la benne à ordures
....
vuilniswagen

le moteur
....
motor

l'essence
....
benzine

la station d'essence
....
benzinepomp

le panneau indicateur
....
verkeersbord

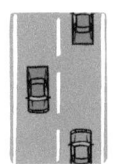

le trafic
....
verkeer

l'embouteillage
....
file

le parking
....
parkeerplaats

la gare
....
station

les rails
....
rails

le train
....
trein

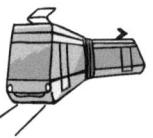

le tramway
....
tram

le wagon
....
wagon

l'hélicoptère

helikopter

l'aéroport

luchthaven

la tour

toren

le passager

passagier

le conteneur

container

le carton

verhuisdoos

le chariot

kar

la corbeille

mand

décoller / atterrir

opstijgen / landen

la ville

stad

le village

dorp

le centre-ville

stadscentrum

la maison

huis

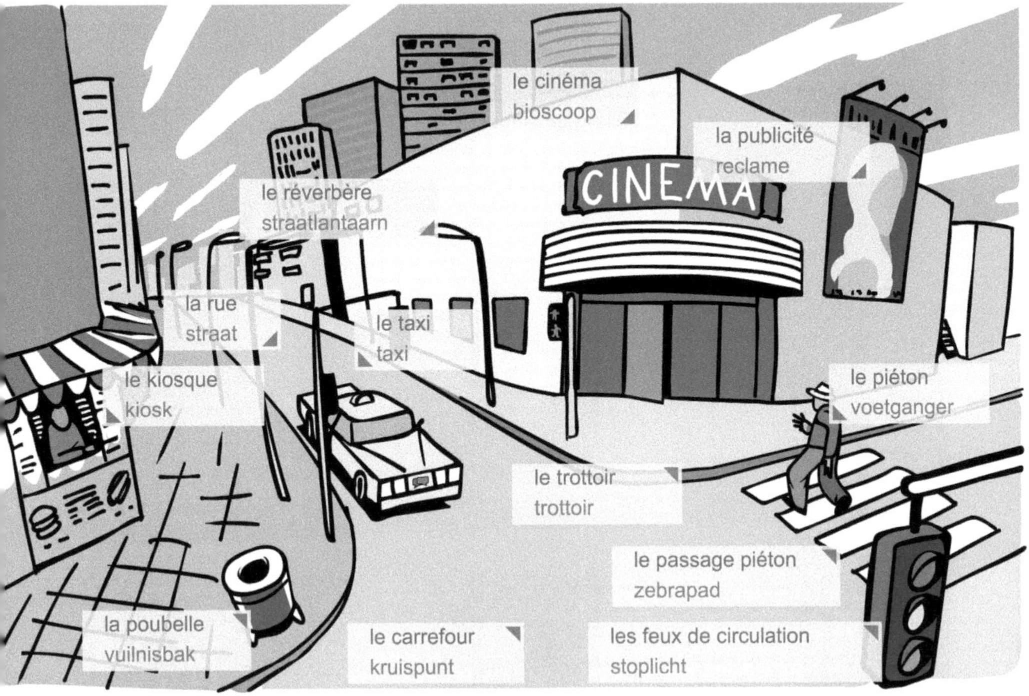

le cinéma
bioscoop

la publicité
reclame

le réverbère
straatlantaarn

CINEMA

la rue
straat

le taxi
taxi

le kiosque
kiosk

le piéton
voetganger

le trottoir
trottoir

le passage piéton
zebrapad

la poubelle
vuilnisbak

le carrefour
kruispunt

les feux de circulation
stoplicht

la cabane

hut

l'appartement

appartement

la gare

station

la mairie

stadhuis

le musée

museum

l'école

school

l'université

universiteit

la banque

bank

l'hôpital

ziekenhuis

l'hôtel

hotel

la pharmacie

apotheek

le bureau

kantoor

la librairie

boekenwinkel

le magasin

winkel

le fleuriste

bloemenwinkel

le supermarché

supermarkt

le marché

markt

le grand magasin

warenhuis

la poissonnerie

visboer

le centre commercial

winkelcentrum

le port

haven

le parc
park

la banque
bank

le pont
brug

les escaliers
trap

le métro
metro

le tunnel
tunnel

l'arrêt de bus
bushalte

le bar
bar

le restaurant
restaurant

la boîte a lettres
brievenbus

le panneau indicateur
straatnaambord

le parcmètre
parkeermeter

le zoo
dierentuin

le réverbère
zwembad

la mosquée
moskee

la ferme
boerderij

la pollution
vervuiling

la cimetière
begraafplaats

l'église
kerk

l'aire de jeux
speelplaats

le temple
tempel

le paysage
landschap

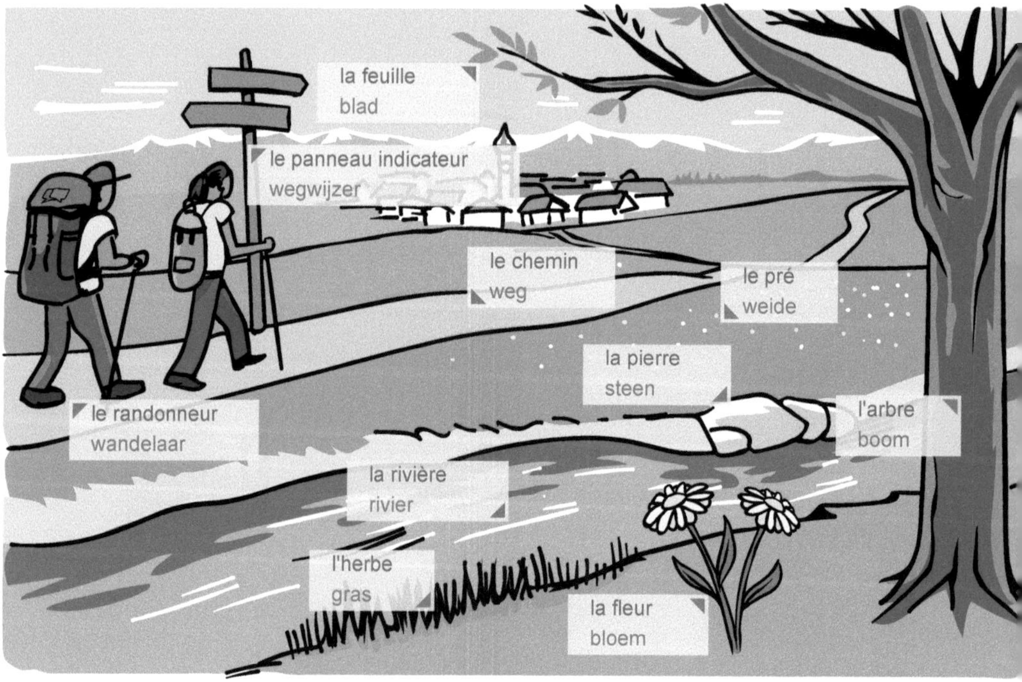

la feuille
blad

le panneau indicateur
wegwijzer

le chemin
weg

le pré
weide

la pierre
steen

l'arbre
boom

le randonneur
wandelaar

la rivière
rivier

l'herbe
gras

la fleur
bloem

la vallée
vallei

la montagne
berg

le lac
meer

la forêt
bos

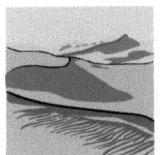

le désert
woestijn

le volcan
vulkaan

le château
kasteel

l'arc-en-ciel
regenboog

le champignon
paddenstoel

le palmier
palmboom

le moustique
mug

la mouche
vlieg

les fourmis
mier

l'abeille
bij

l'araignée
spin

le coléoptère

kever

la grenouille

kikker

l'écureuil

eekhoorn

le hérisson

egel

le lièvre

haas

la chouette

uil

l'oiseau

vogel

le cygne

zwaan

le sanglier

wild zwijn

le cerf

hert

l'élan

eland

le barrage

stuwdam

l'éolienne

windmolen

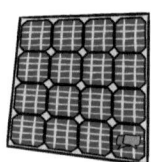

le panneau solaire

zonnepaneel

le climat

klimaat

le restaurant
restaurant

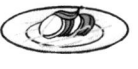

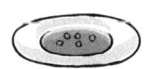

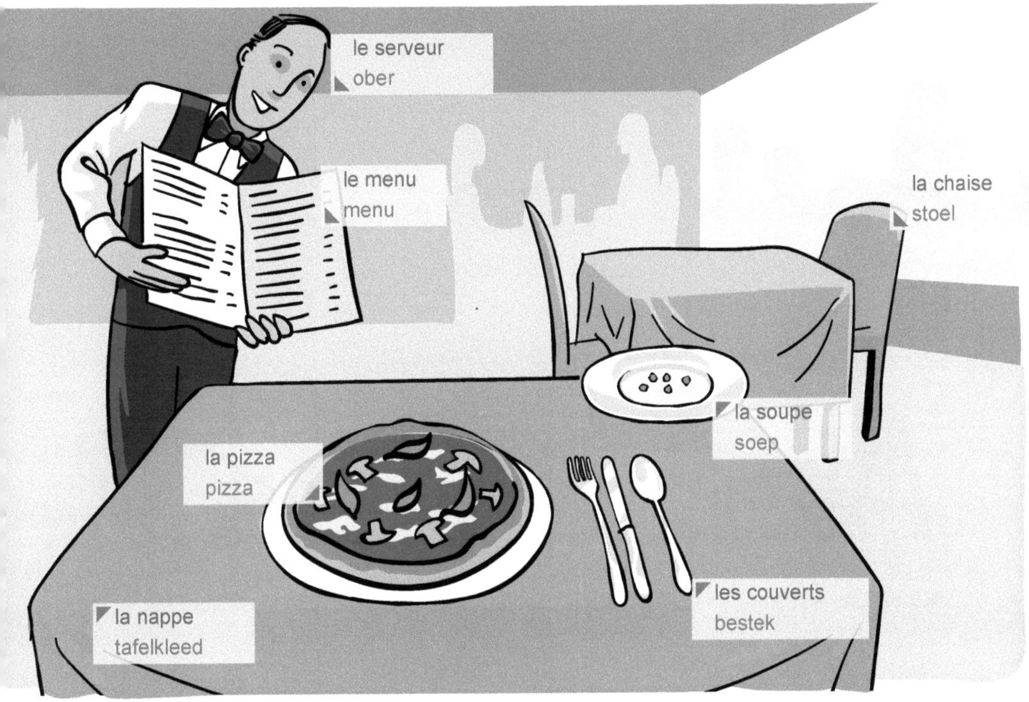

le serveur
ober
le menu
menu
la chaise
stoel
la soupe
soep
la pizza
pizza
les couverts
bestek
la nappe
tafelkleed

les hors d'œuvre
....
voorgerecht

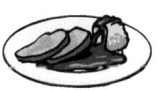

le plat principal
....
hoofdgerecht

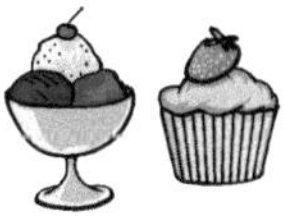

le dessert
....
toetje

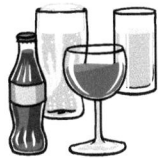

les boissons
....
dranken

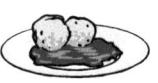

l'alimentation
....
eten

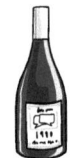

la bouteille
....
fles

le fast-food

fastfood

les plats à emporter

eetkraampje

la théière

theepot

le sucrier

suikerpot

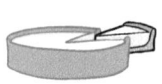

la portion

portie

la machine à expresso

espressomachine

la chaise haute

kinderstoel

la facture

rekening

le plateau

dienblad

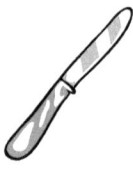

le couteau

mes

la fourchette

vork

la cuillère

lepel

la cuillère à thé

theelepel

la serviette

servet

le verre

glas

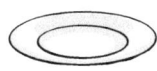

l'assiette
bord

l'assiette à soupe
soepbord

la soucoupe
schotel

la sauce
saus

la salière
zoutvaatje

le moulin à poivre
pepermolen

le vinaigre
azijn

l'huile
olie

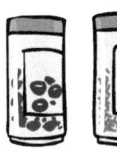

les épices
kruiden

le ketchup
ketchup

la moutarde
mosterd

la mayonnaise
mayonaise

le supermarché

supermarkt

l'offre promotionnelle
aanbieding
FOR
le client
klant
les produits laitiers
zuivelproducten
les fruits
fruit
le chariot
winkelwagen

BUTCHERS

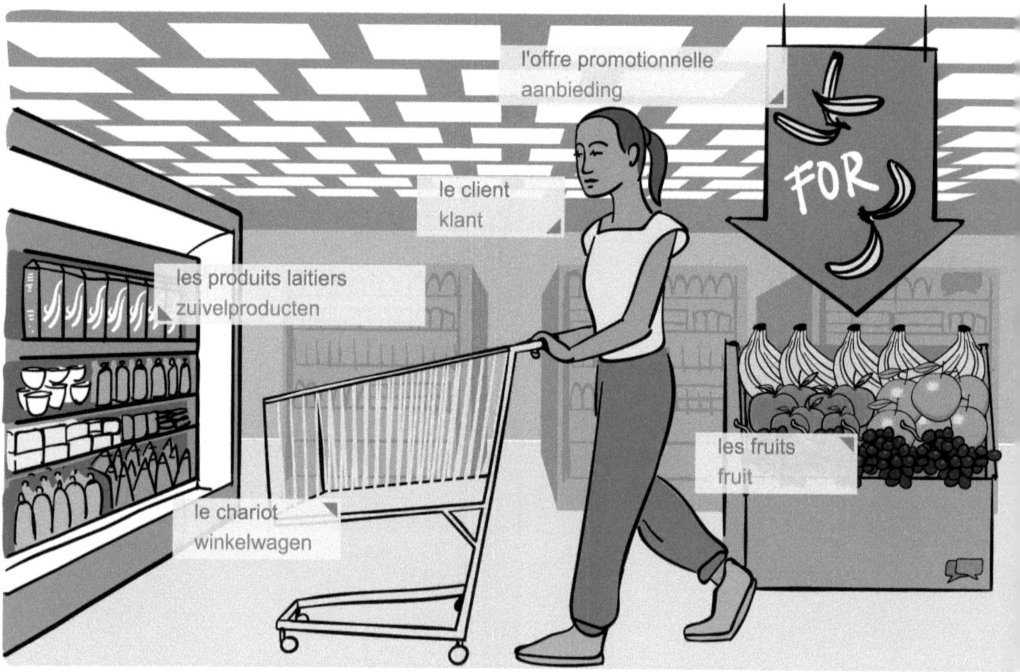

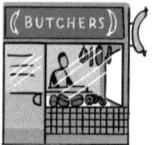

la boucherie

slager

BAKERY

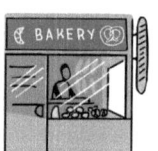

la boulangerie

bakkerij

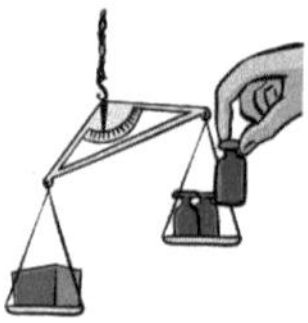

peser

wegen

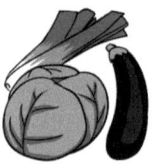

les légumes

groente

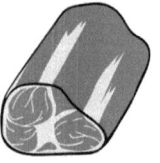

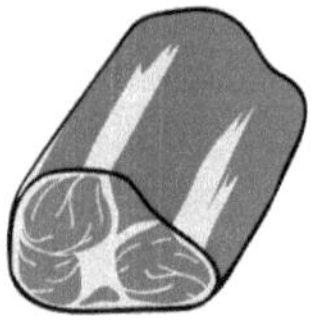

la viande

vlees

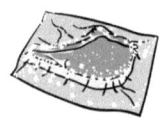

les aliments surgelés

diepvriesproducten

la charcuterie

vleeswaren

les conserves

conserven

la poudre à lessive

wasmiddel

les bonbons

snoepgoed

les articles ménagers

huishoudelijke artikelen

les détergents

schoonmaakmiddel

la vendeuse

verkoopster

la caisse

kassa

le caissier

kassier

la liste d'achats

boodschappenlijstje

les heures d'ouverture

openingstijden

le portefeuille

portefeuille

la carte de crédit

creditkaart

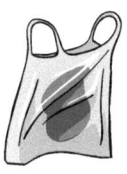

le sac

tas

le sac en plastique

plastic zak

l'eau

water

le jus de fruit

sap

le lait

melk

le coca

cola

le vin

wijn

la bière

bier

l'alcool

alcohol

le chocolat chaud

chocolademelk

le thé

thee

le café

koffie

l'expresso

espresso

le cappuccino

cappuccino

la banane

banaan

la pomme

appel

l'orange

sinaasappel

le melon

watermeloen

le citron.

citroen

la carotte

wortel

l'ail

knoflook

le bambou

bamboe

l'oignon

ui

le champignon

paddenstoel

les noisettes

noten

les pâtes

pasta

les spaghetti

spaghetti

le riz

rijst

la salade

salade

les pommes frites

friet

les pommes de terre rôties

gebakken aardappelen

la pizza

pizza

le hamburger

hamburger

le sandwich

sandwich

l'escalope

schnitzel

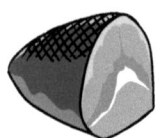

le jambon

ham

le salami

salami

la saucisse

worst

le poulet

kip

le rôti

gebraad

le poisson

vis

les flocons d'avoine

havermout

le muesli

muesli

les cornflakes

cornflakes

la farine

meel

le croissant

croissant

les petits-pains

broodjes

le pain

brood

le pain grillé

toast

les biscuits

koekjes

le beurre

boter

le fromage blanc

kwark

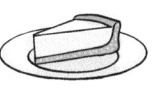

le gâteau

taart

l'œuf

ei

l'œuf au plat

gebakken ei

le fromage

kaas

l'alimentation - eten

la glace

ijs

le sucre

suiker

le miel

honing

la confiture

jam

la crème nougat

chocoladepasta

le curry

kerrie

la ferme
boerderij

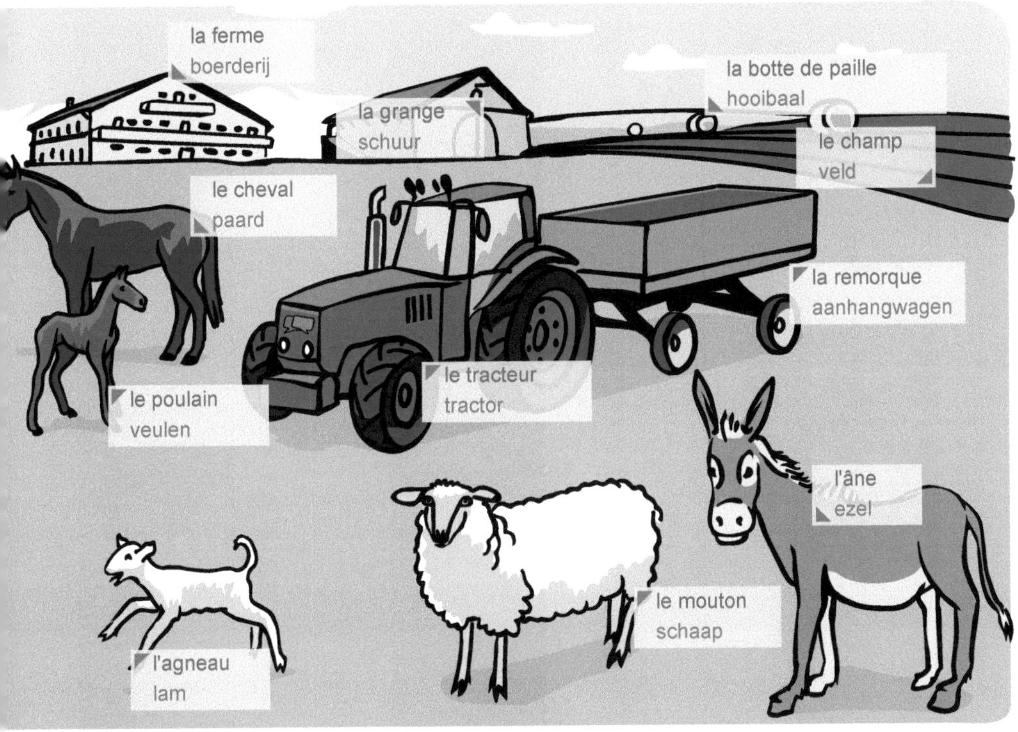
la ferme
boerderij
la grange
schuur
la botte de paille
hooibaal
le champ
veld
le cheval
paard
la remorque
aanhangwagen
le tracteur
tractor
le poulain
veulen
l'âne
ezel
le mouton
schaap
l'agneau
lam

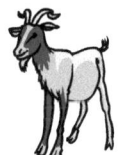

la chèvre

geit

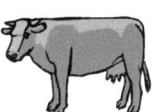

la vache

koe

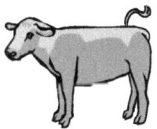

le veau

kalf

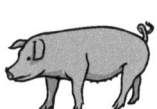

le porc

varken

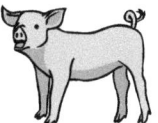

le porcelet

big

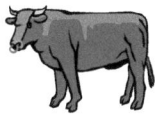

le taureau

stier

l'oie

gans

le canard

eend

le poussin

kuiken

la poule

kip

le coq

haan

le rat

rat

le chat

kat

la souris

muis

le bœuf

os

le chien

hond

le chenil

hondenhok

le tuyau de jardin

tuinslang

l'arrosoir

gieter

la faucheuse

zeis

la charrue

ploeg

la faucille

sikkel

la pioche

schoffel

la fourche

hooivork

la hache

bijl

la brouette

kruiwagen

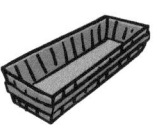

la cuve

trog

le pot à lait

melkbus

le sac

zak

la clôture

hek

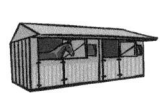

l'étable

stal

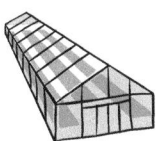

le serre

broeikas

le sol

grond

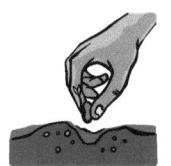

les semences

zaad

l'engrais

mest

la moissonneuse-batteuse

maaidorser

récolter

oogsten

la récolte

oogst

l'igname

yam

le blé

tarwe

le soja

soja

la pomme de terre

aardappel

le maïs

maïs

le colza

koolzaad

l'arbre fruitier

fruitboom

le manioc

maniok

les céréales

granen

la maison
huis

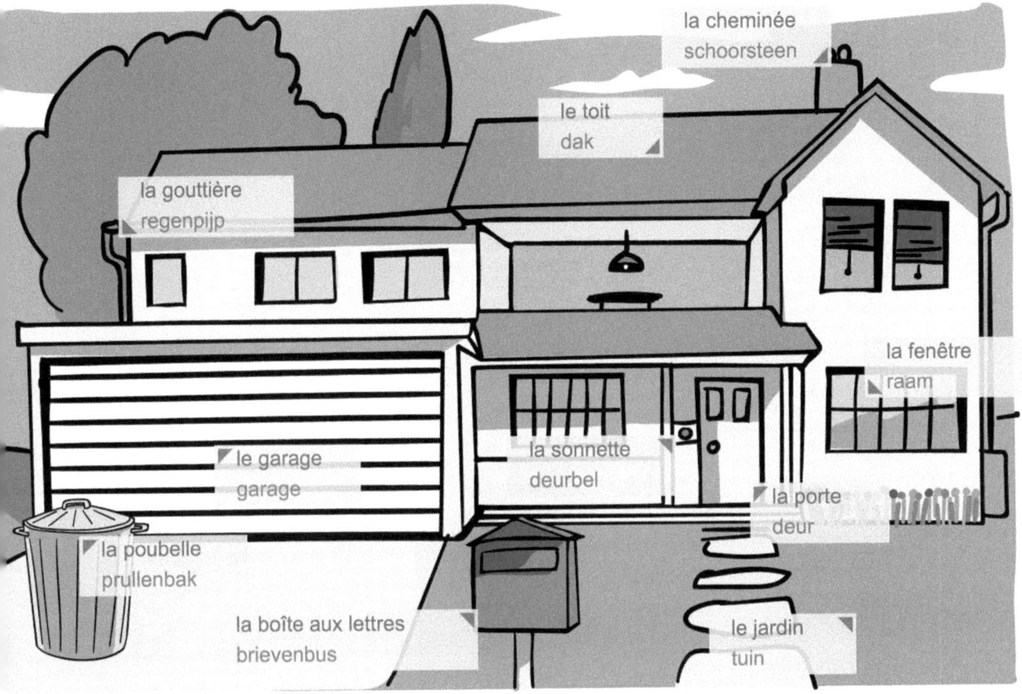

la cheminée
schoorsteen
le toit
dak
la gouttière
regenpijp
la fenêtre
raam
la sonnette
deurbel
le garage
garage
la porte
deur
la poubelle
prullenbak
la boîte aux lettres
brievenbus
le jardin
tuin

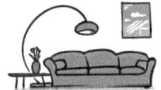

le salon
....
woonkamer

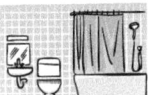

la salle de bain
....
badkamer

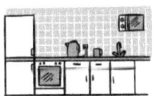

la cuisine
....
keuken

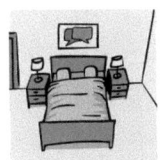

la chambre à coucher
....
slaapkamer

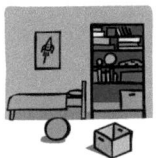

la chambre d'enfant
....
kinderkamer

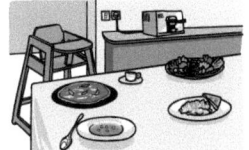

la salle à manger
....
eetkamer

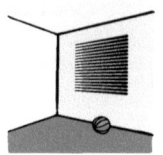

le sol
....
vloer

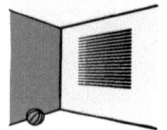

le mur
....
muur

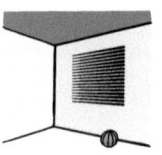

le plafond
....
plafond

la cave
....
kelder

le sauna
....
sauna

le balcon
....
balkon

la terrasse
....
terras

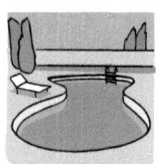

la piscine
....
zwembad

la tondeuse à gazon
....
grasmaaier

la housse
....
laken

la couette
....
bedsprei

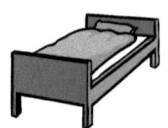

le lit
....
bed

le balai
....
bezem

le sceau
....
emmer

l'interrupteur
....
schakelaar

le salon
woonkamer

le papier peint
behang
l'image
foto
la lampe
lamp
l'étagère
plank
l'armoire
kast
la télé
televisie
la cheminée
open haard
la fleur
bloem
le coussin
kussen
le sofa
bankstel
le vase
vaas
la télécommande
afstandsbediening

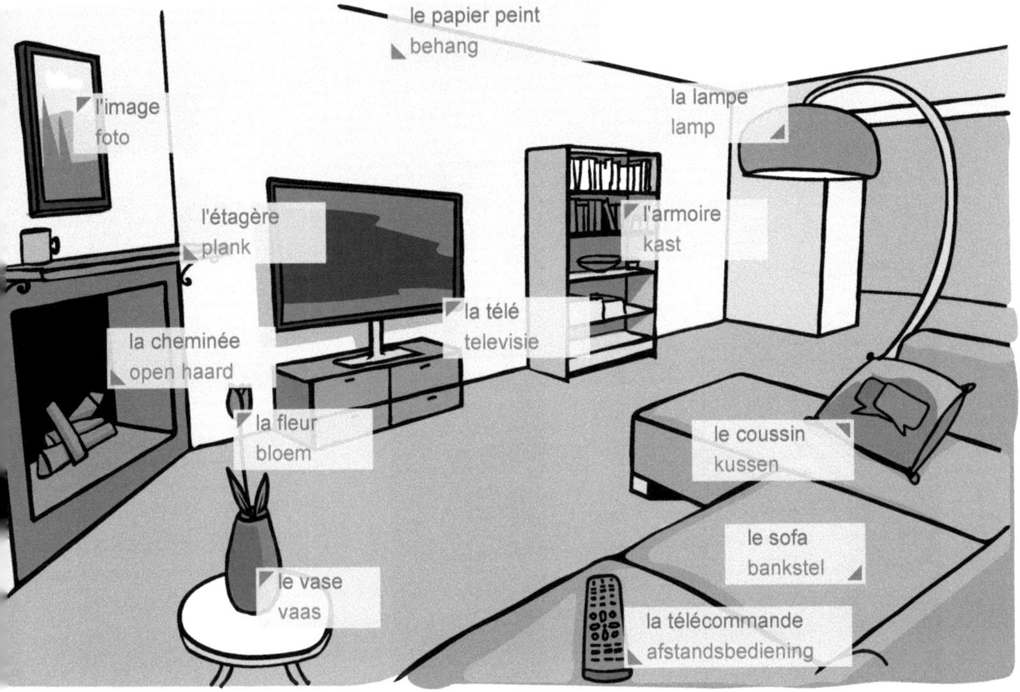

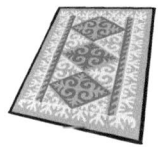

le tapis
tapijt

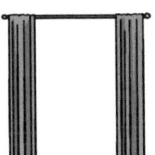

le rideau
gordijn

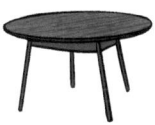

la table
tafel

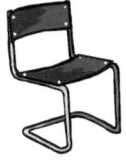

la chaise
stoel

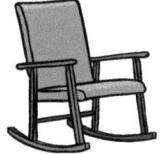

la chaise à bascule
schommelstoel

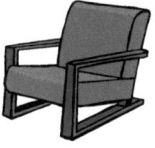

le fauteuil
stoel

le livre

boek

la couverture

deken

la décoration

decoratie

le bois de chauffage

brandhout

le film

film

la chaîne hi-fi

stereo-installatie

la clé

sleutel

le journal

krant

la peinture

schilderij

le poster

poster

la radio

radio

le bloc-notes

kladblok

l'aspirateur

stofzuiger

le cactus

cactus

la bougie

kaars

la cuisine
keuken

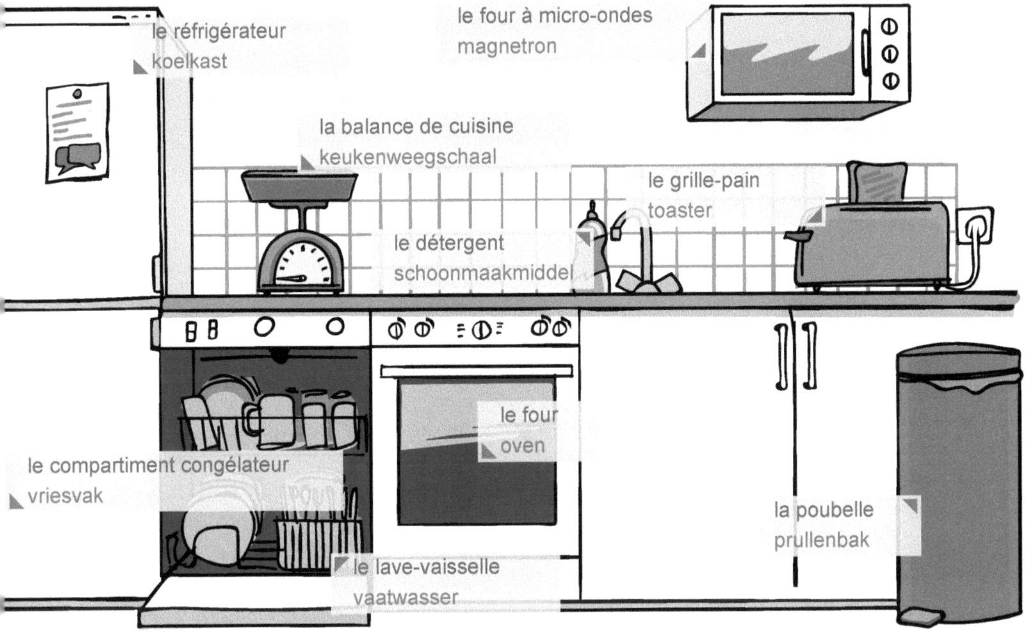
le réfrigérateur
koelkast
le four à micro-ondes
magnetron
la balance de cuisine
keukenweegschaal
le grille-pain
toaster
le détergent
schoonmaakmiddel
le four
oven
le compartiment congélateur
vriesvak
la poubelle
prullenbak
le lave-vaisselle
vaatwasser

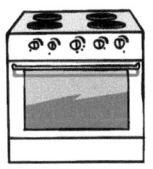

le four

fornuis

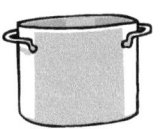

la casserole

pan

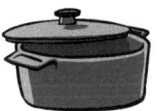

la marmite

gietijzeren pan

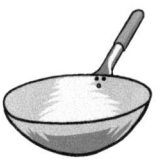

le wok / kadai

wok / kadai

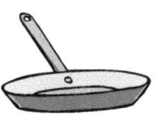

la poêle

koekenpan

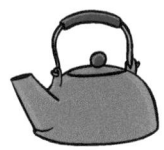

la bouilloire electrique

ketel

le cuiseur vapeur

stoomkoker

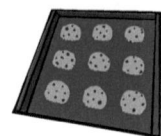

la plaque de cuisson

bakplaat

la vaisselle

servies

le gobelet

beker

la coupe

kom

les baguettes

eetstokjes

la louche

soeplepel

la spatule

spatel

le fouet

garde

la passoire

vergiet

le tamis

zeef

la râpe

rasp

le mortier

vijzel

le barbecue

barbecue

la cheminée

vuurhaard

la cuisine - keuken

la planche à découper

snijplank

le rouleau à pâtisserie

deegroller

le tire-bouchon

kurkentrekker

la boîte

blik

l'ouvre-boîte

blikopener

les maniques

pannenlap

le lavabo

wasbak

la brosse

borstel

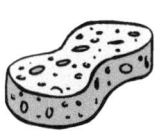

l'éponge

spons

le mixeur

blender

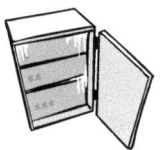

le congélateur

vriezer

le biberon

babyflesje

le robinet

kraan

la cuisine - keuken

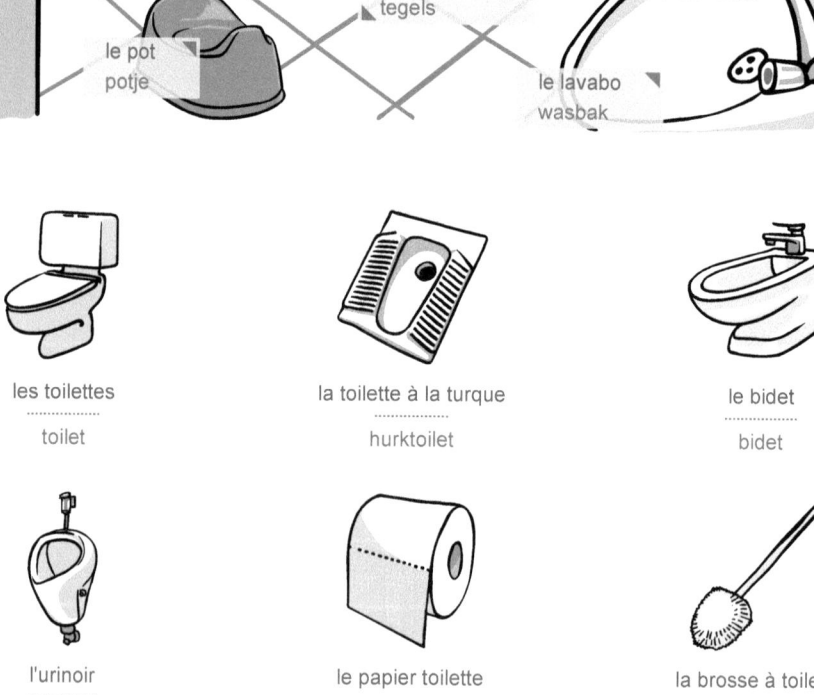

la salle de bain
badkamer

la douche
douche
le chauffage
verwarming
la serviette
handdoek
le rideau de douche
douchegordijn
le bain moussant
bubbelbad
la baignoire
bad
le verre
glas
la machine à laver
wasmachine
le robinet
kraan
le carrelage
tegels
le pot
potje
le lavabo
wasbak

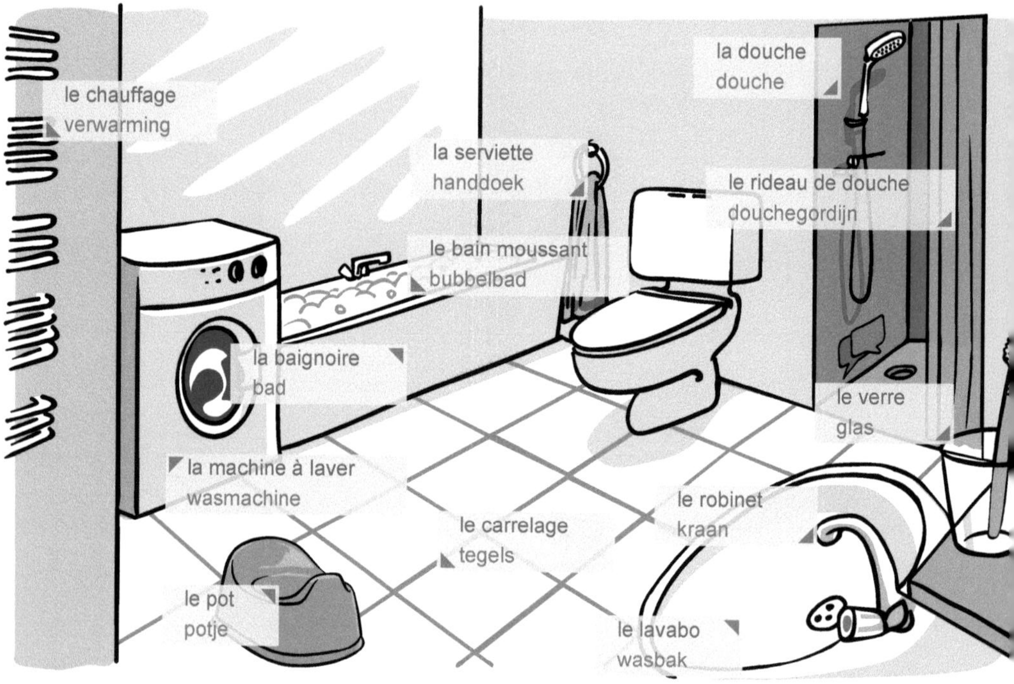

les toilettes

toilet

la toilette à la turque

hurktoilet

le bidet

bidet

l'urinoir

urinoir

le papier toilette

toiletpapier

la brosse à toilette

toiletborstel

la brosse à dents

tandenborstel

le dentifrice

tandpasta

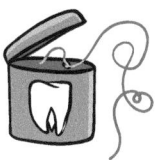

le fil dentaire

flosdraad

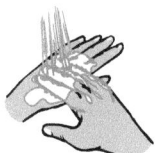

laver

wassen

la douche manuelle

handdouche

la douche intime

toiletdouche

la vasque

waskom

la brosse dorsale

rugborstel

le savon

zeep

le gel douche

douchegel

le shampooing

shampoo

le gant de toilette

washanje

l'écoulement

afvoer

la crème

creme

le déodorant

deodorant

le miroir
spiegel

le miroir cosmétique
make-upspiegel

le rasoir
scheermes

la mousse à raser
scheerschuim

l'après-rasage
aftershave

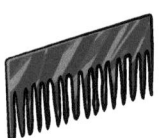

la peigne
kam

la brosse
borstel

le sèche-cheveux
haardroger

la laque pour cheveux
haarspray

le fond de teint
make-up

le rouge à lèvres
lippenstift

le vernis à ongles
nagellak

l'ouate
watten

le coupe-ongles
nagelschaartje

le parfum
parfum

la trousse de toilette

toilettas

le tabouret

kruk

le pèse-personne

weegschaal

le peignoir

badjas

les gants de nettoyage

rubber handschoenen

le tampon

tampon

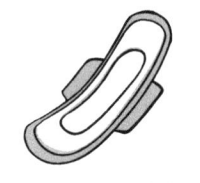

les serviettes hygiéniques

maandverband

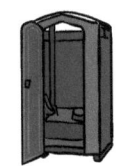

la toilette chimique

chemisch toilet

la chambre d'enfant
kinderkamer

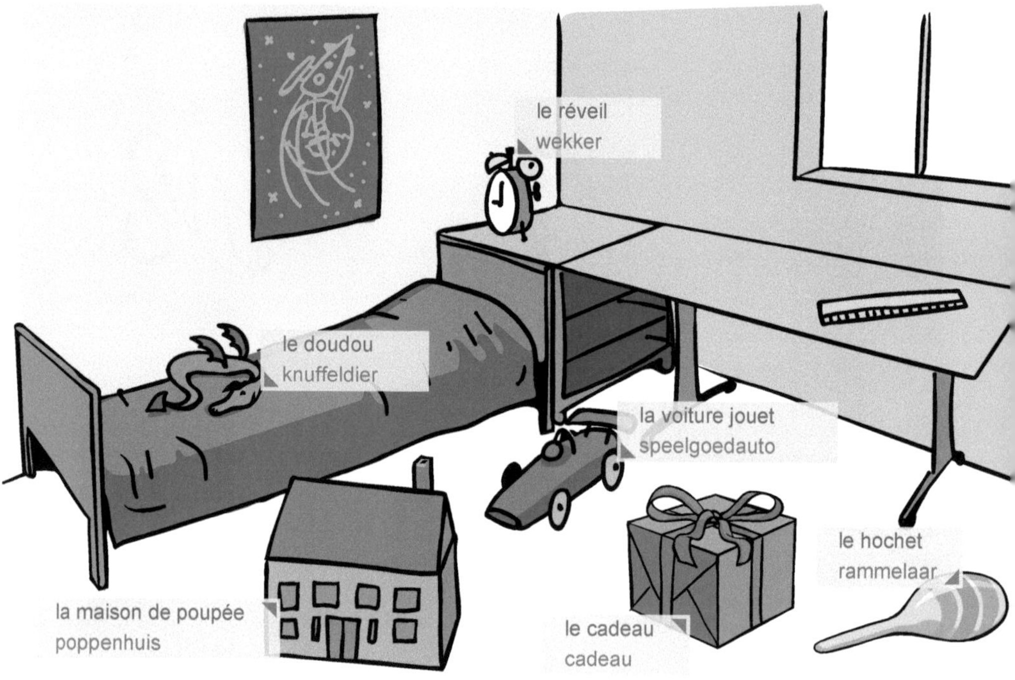
le réveil
wekker
le doudou
knuffeldier
la voiture jouet
speelgoedauto
le hochet
rammelaar
la maison de poupée
poppenhuis
le cadeau
cadeau

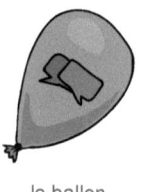

le ballon

ballon

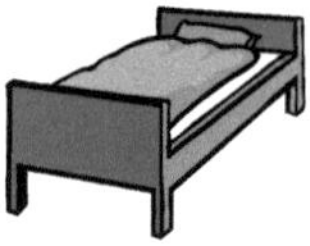

le lit

bed

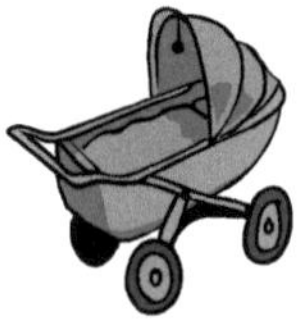

la poussette

kinderwagen

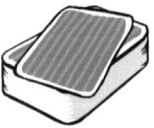

le jeu de cartes

kaartspel

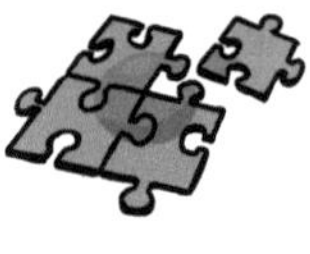

le puzzle

puzzel

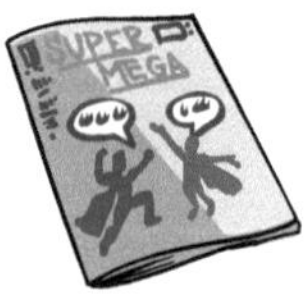
SUPER
MEGA

la bande dessinée

stripverhaal

les pièces lego

legostenen

les blocs de construction

speelgoedblokken

la figurine

actiefiguurtje

la grenouillère

romper

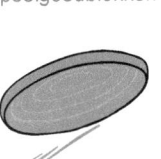

le frisbee

frisbee

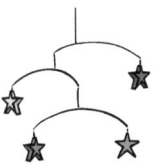

le mobile

mobile

le jeu de société

bordspel

le dé

dobbelsteen

le train miniature

modeltrein

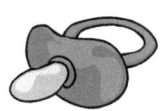

la sucette

speen

la fête

feestje

le livre d'images

prentenboek

la balle

bal

la poupée

pop

jouer

spelen

le bac à sable

zandbak

la balançoire

schommel

les jouets

speelgoed

la console de jeu

spelcomputer

le tricycle

driewieler

l'ours en peluche

teddybeer

l'armoire

kleerkast

les vêtements
kleding

les chaussettes

sokken

les bas

kousen

le collant

panty

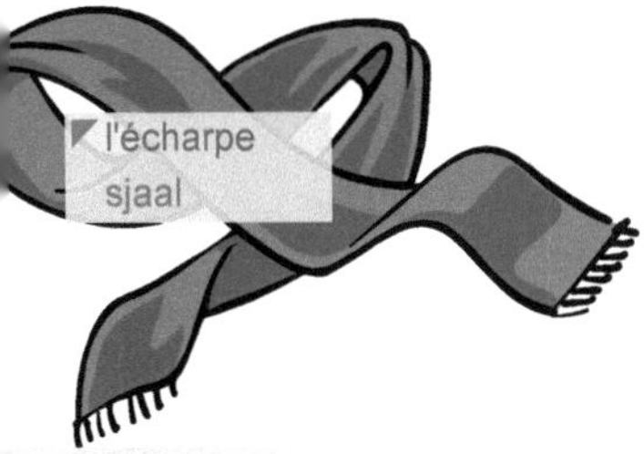

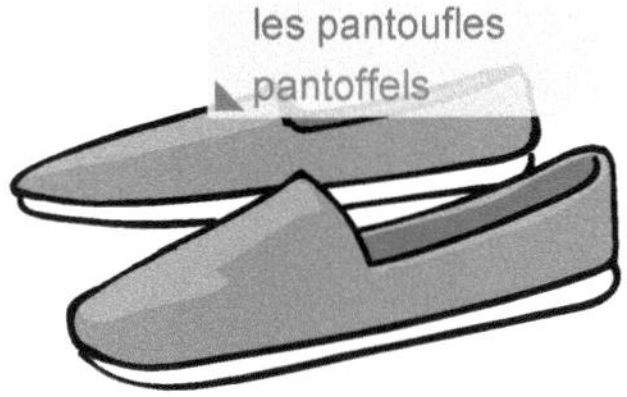

l'écharpe
sjaal

la ceinture
riem

le parapluie
paraplu

le t-shirt
T-shirt

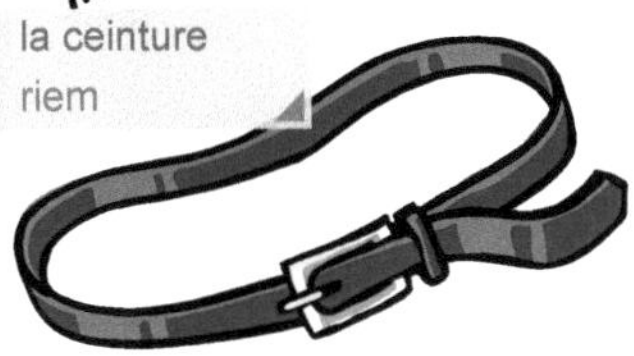

les bottes
laarzen

les pantoufles
pantoffels

les baskets
sportschoenen

les sandales
sandalen

les chaussures
schoenen

les bottes de caoutchouc
rubberlaarzen

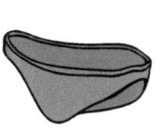
les sous-vêtements
onderbroek

le soutien-gorge
beha

le maillot de corps
onderhemd

le body
body

le pantalon
broek

le jean
spijkerbroek

la jupe
rok

le chemisier
blouse

la chemise
overhemd

le pull
trui

le sweat à capuche
hoody

la veste
blazer

la veste
jas

le manteau
mantel

l'imperméable
regenjas

le costume
kostuum

la robe
jurk

la robe de mariée
trouwjurk

le costume

pak

la chemise de nuit

nachthemd

le pyjama

pyjama

le sari

sari

le foulard

hoofddoek

le turban

tulband

la burqa

boerka

le caftan

kaftan

l'abaya

abaja

le maillot de bain

zwempak

le maillot de bain

zwembroek

le short

korte broek

la tenue d'entraînement

trainingspak

le tablier

schort

les gants

handschoenen

le bouton

knoop

les lunettes

bril

le bracelet

armband

le collier

ketting

la bague

ring

la boucle d'oreille

oorbel

le bonnet

pet

le cintre

kledinghanger

le chapeau

hoed

la cravate

stropdas

la fermeture éclair

rits

le casque

helm

les bretelles

bretels

l'uniforme scolaire

schooluniform

l'uniforme

uniform

le bavoir

slabbetje

la sucette

speen

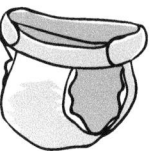

la lange

luier

le bureau
kantoor

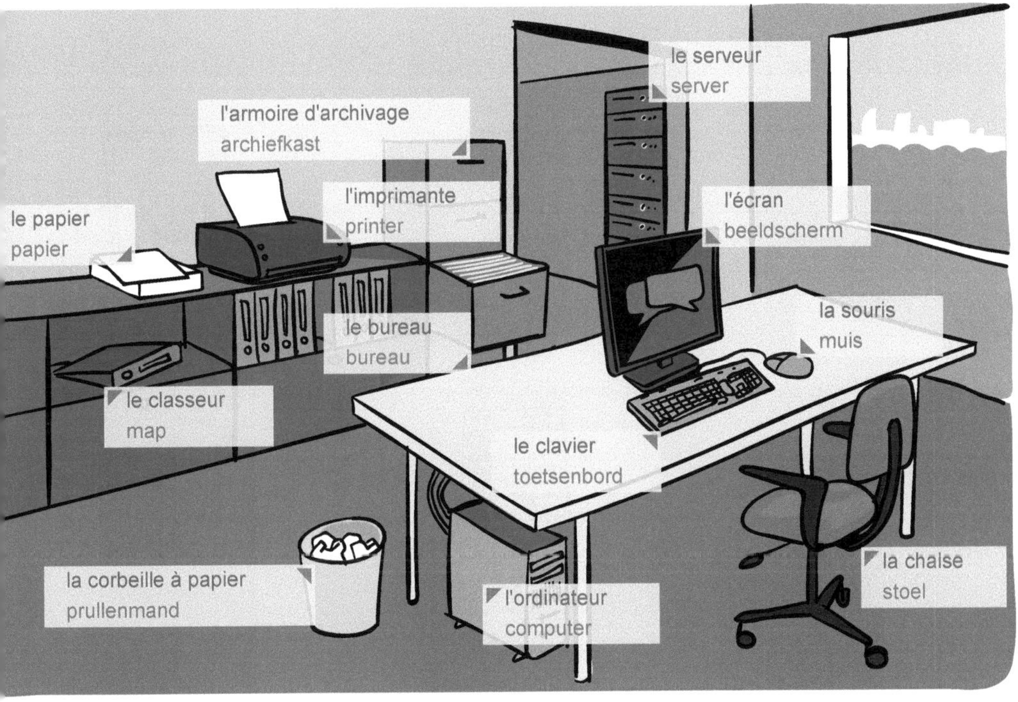

le serveur
server

l'armoire d'archivage
archiefkast

l'imprimante
printer

l'écran
beeldscherm

le papier
papier

le bureau
bureau

la souris
muis

le classeur
map

le clavier
toetsenbord

la chaise
stoel

la corbeille à papier
prullenmand

l'ordinateur
computer

la tasse de café

koffiemok

la calculatrice

rekenmachine

l'internet

internet

l'ordinateur portable

laptop

la lettre

brief

le message

bericht

le portable

mobiele telefoon

le réseau

netwerk

la photocopieuse

kopieermachine

le logiciel

software

le téléphone

telefoon

la prise

stopcontact

le fax

fax

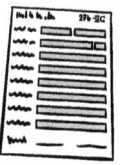

le formulaire

formulier

le document

document

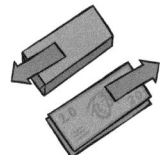

acheter

kopen

payer

betalen

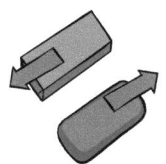

faire du commerce

handel drijven

la monnaie

geld

le dollar

dollar

l'euro

euro

le yen

yen

le rouble

roebel

le franc suisse

Zwitserse frank

le renminbi yuan

renminbi yuan

la roupie

roepie

le distributeur automatique

geldautomaat

le bureau de change

wisselkantoor

l'or

goud

l'argent

zilver

le pétrole

olie

l'énergie

energie

le prix

prijs

le contrat

contract

la taxe

belasting

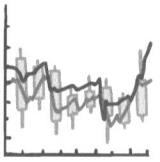

l'action

aandeel

travailler

werken

l'employé

werknemer

l'employeur

werkgever

l'usine

fabriek

le magasin

winkel

l'économie - economie

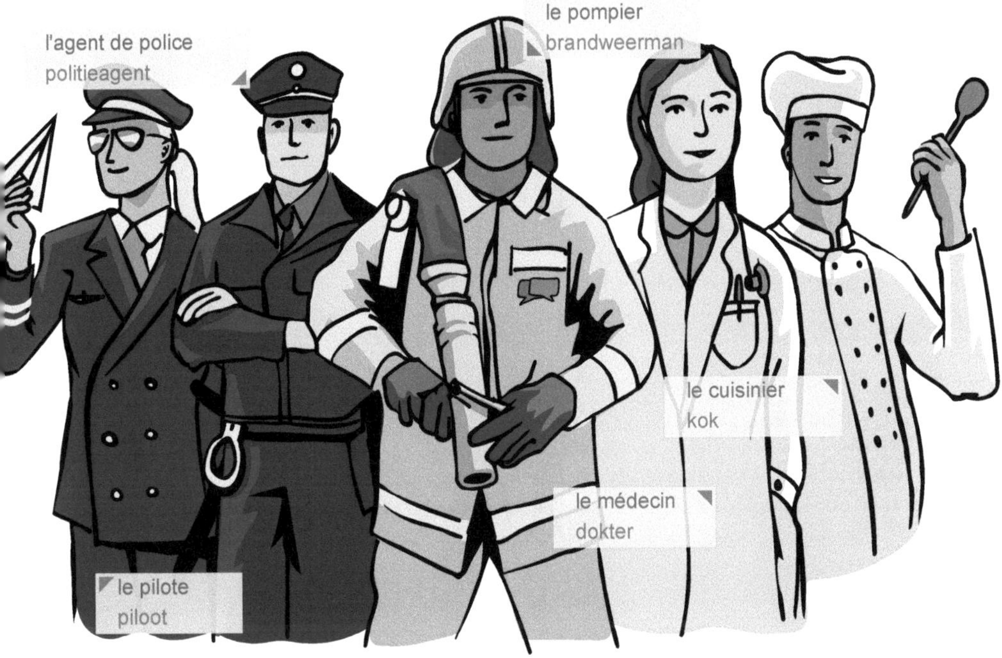

l'agent de police
politieagent

le pompier
brandweerman

le cuisinier
kok

le médecin
dokter

le pilote
piloot

le jardinier	le menuisier	la couturière
tuinman	timmerman	naaister

le juge	le chimiste	l'acteur
rechter	scheikundige	toneelspeler

le conducteur de bus

buschauffeur

le chauffeur de taxi

taxichauffeur

le pêcheur

visser

la femme de ménage

schoonmaakster

le couvreur

dakdekker

le serveur

ober

le chasseur

jager

le peintre

schilder

le boulanger

bakker

l'électricien

elektricien

l'ouvrier

bouwvakker

l'ingénieur

ingenieur

le boucher

slager

le plombier

loodgieter

le facteur

postbode

le soldat

soldaat

l'architecte

architect

le caissier

kassier

le fleuriste

bloemist

le coiffeur

kapper

le contrôleur

conducteur

le mécanicien

monteur

le capitaine

kapitein

le dentiste

tandarts

le scientifique

wetenschapper

le rabbin

rabbi

l'imam

imam

le moine

monnik

le prêtre

pastoor

les outils
gereedschap

le marteau
hamer
les pinces
tang
le tournevis
schroevendraaier
la clé
moersleutel
la torche
zaklamp

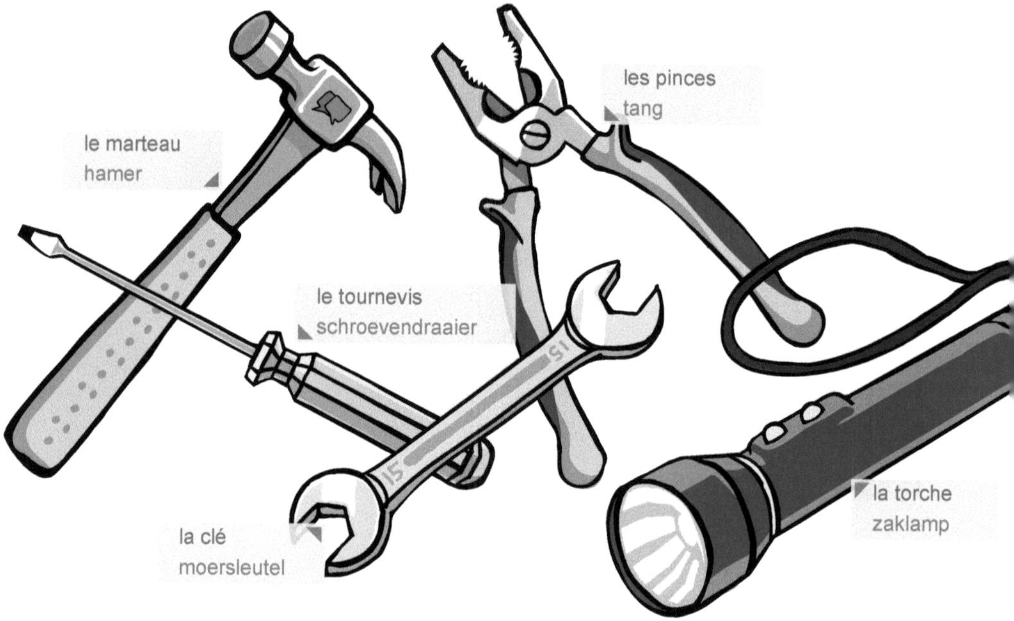

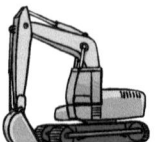

la pelleteuse

graafmachine

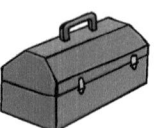

la boîte à outils

gereedschapskist

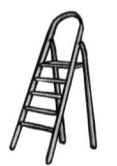

l'échelle

ladder

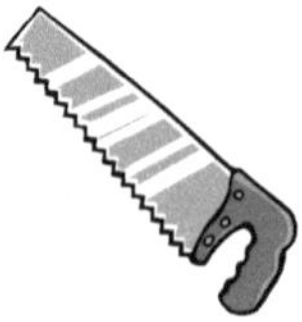

la scie

zaag

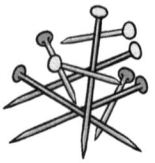

les clous

spijkers

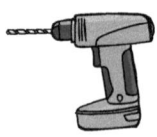

la perceuse

boor

réparer

repareren

la pelle

schep

Mince !

Verdorie!

la pelle

stofblik

le pot de peinture

verfpot

les vis

schroeven

les instruments de musique
muziekinstrumenten

le haut-parleurs
luidspreker

la batterie
drumstel

la guitare
gitaar

la contrebasse
contrabas

la trompette
trompet

le piano

piano

le violon

viool

la basse

bas

les timbales

pauk

le tambour

trommel

le piano électrique

keyboard

le saxophone

saxofoon

la flûte

fluit

le microphone

microfoon

le zoo

dierentuin

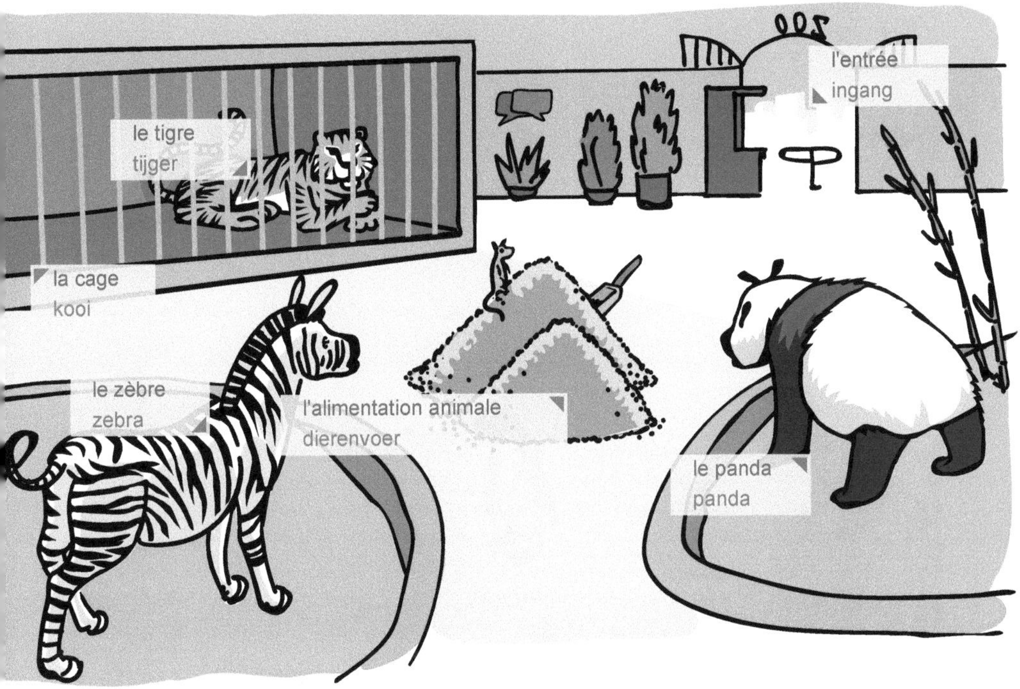

l'entrée
ingang
le tigre
tijger
la cage
kooi
le zèbre
zebra
l'alimentation animale
dierenvoer
le panda
panda

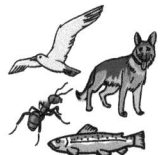

les animaux

dieren

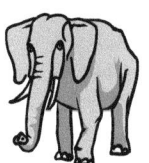

l'éléphant

olifant

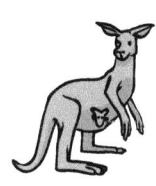

le kangourou

kangoeroe

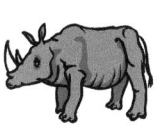

le rhinocéros

neushoorn

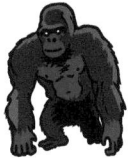

le gorille

gorilla

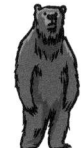

l'ours

beer

le chameau

kameel

l'autruche

struisvogel

le lion

leeuw

le singe

aap

le flamand rose

flamingo

le perroquet

papegaai

l'ours polaire

ijsbeer

le pingouin

pinguïn

le requin

haai

le paon

pauw

le serpent

slang

le crocodile

krokodil

le gardien de zoo

dierenverzorger

le phoque

zeehond

le jaguar

jaguar

le poney
pony

le léopard
luipaard

l'hippopotame
nijlpaard

la girafe
giraffe

l'aigle
adelaar

le sanglier
wild zwijn

le poisson
vis

la tortue
schildpad

le morse
walrus

le renard
vos

la gazelle
gazelle

l'american Football
American football

le cyclisme
wielrennen

le tennis
tennis

le basket-ball
basketbal

la natation
zwemmen

la boxe
boksen

le hockey sur glace
ijshockey

le football

voetbal

le badminton

badminton

l'athlétisme

atletiek

le handball

handbal

le ski

skiën

le polo

polo

les activités
activiteiten

sauter
springen
embrasser
knuffelen
rire
lachen
marcher
lopen
chanter
zingen
rêver
dromen
prier
bidden
faire la bise
kussen

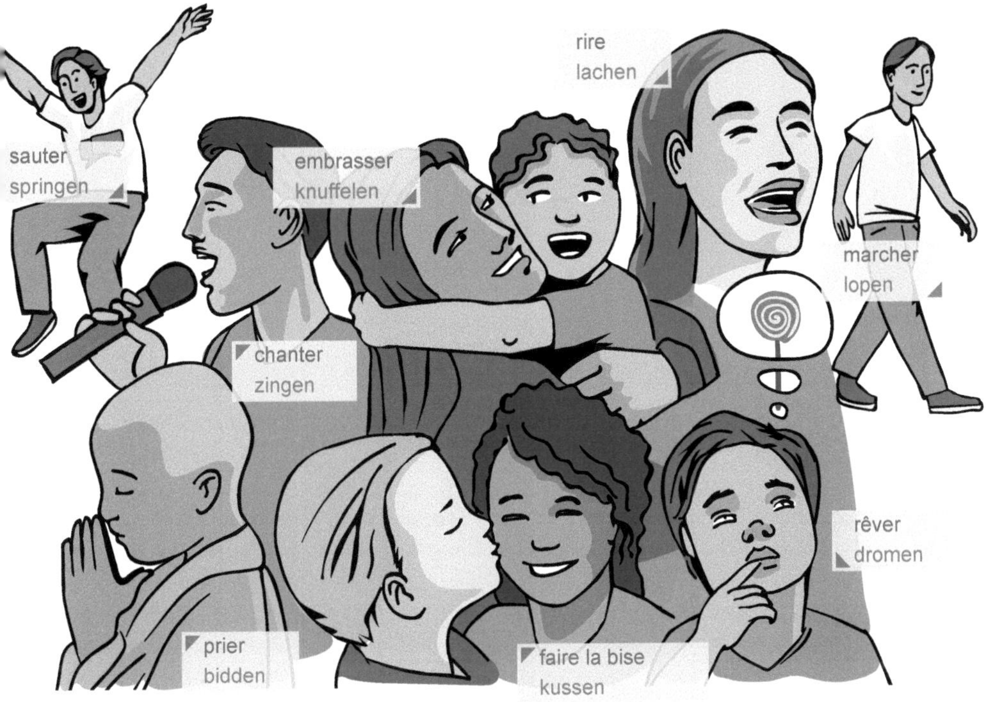

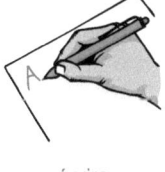

écrire

schrijven

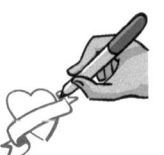

dessiner

tekenen

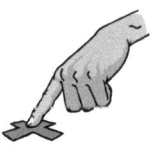

montrer

tonen

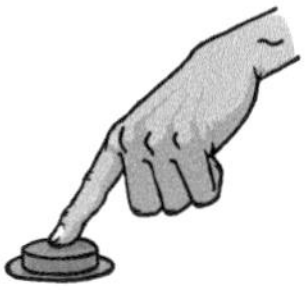

pousser

duwen

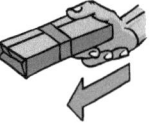

donner

geven

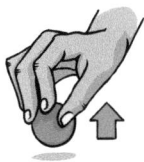

prendre

oppakken

avoir

hebben

faire

doen

être

zijn

être debout

staan

courir

rennen

trier

trekken

jeter

gooien

tomber

vallen

être couché

liggen

attendre

wachten

porter

dragen

être assis

zitten

s'habiller

aankleden

dormir

slapen

se réveiller

wakker worden

les activités - activiteiten

regarder
bekijken

pleurer
huilen

caresser
strelen

peigner
kammen

parler
praten

comprendre
begrijpen

demander
vragen

écouter
horen

boire
drinken

manger
eten

ranger
opruimen

aimer
houden van

cuire
koken

conduire
rijden

voler
vliegen

faire de la voile

zeilen

calculer

rekenen

lire

lezen

apprendre

leren

travailler

werken

se marier

trouwen

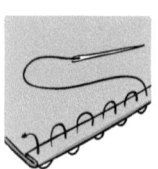

coudre

naaien

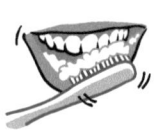

brosser les dents

tandenpoetsen

tuer

doden

fumer

roken

envoyer

verzenden

grand-mère
botmoeder

le grand-père
grootvader

le père
vader

la mère
moeder

le bébé
baby

la fille
dochter

le fils
zoon

l'hôte

gast

la tante

tante

l'oncle

oom

le frère

broer

la sœur

zus

le corps
lichaam

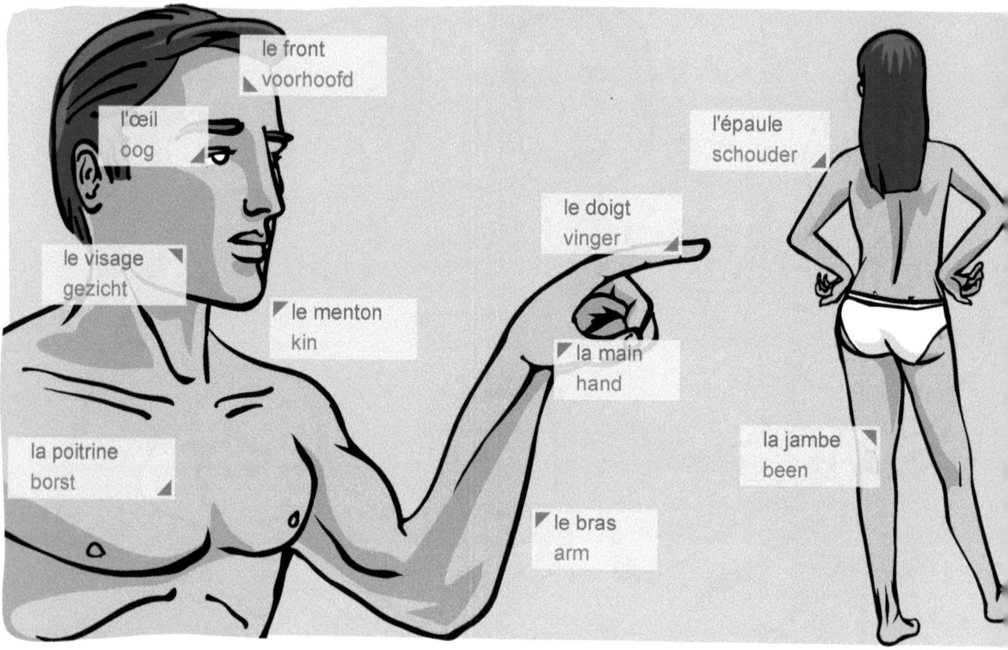
le front
voorhoofd
l'œil
oog
l'épaule
schouder
le doigt
vinger
le visage
gezicht
le menton
kin
la main
hand
la jambe
been
la poitrine
borst
le bras
arm

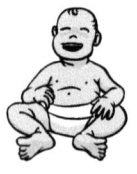

le bébé
baby

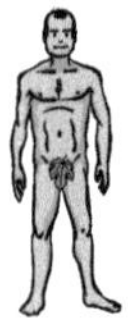

l'homme
man

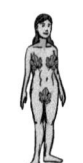

la femme
vrouw

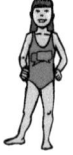

la fille
meisje

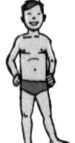

le garçon
jongen

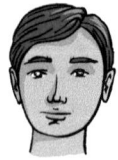

la tête
hoofd

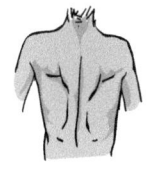

le dos

rug

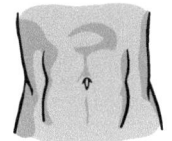

le ventre

buik

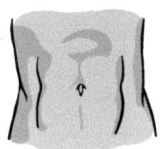

le nombril

navel

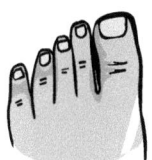

l'orteil

teen

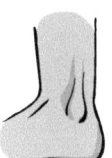

le talon

hiel

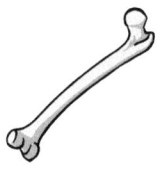

l'os

bot

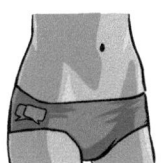

la hanche

heup

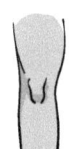

le genou

knie

le coude

elleboog

le nez

neus

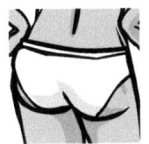

les fesses

achterwerk

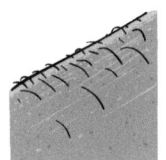

la peau

huid

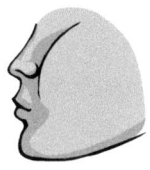

la joue

wang

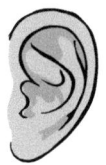

l'oreille

oor

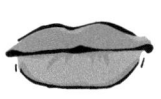

la lèvre

lippen

la bouche
....
mond

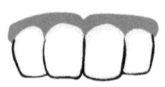

la dent
....
tand

la langue
....
tong

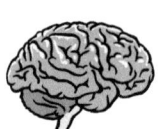

le cerveau
....
hersenen

le cœur
....
hart

le muscle
....
spier

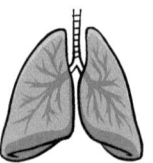

les poumons
....
long

le foie
....
lever

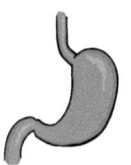

l'estomac
....
maag

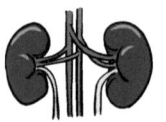

les reins
....
nieren

le rapport sexuel
....
geslachtsgemeenschap

le préservatif
....
condoom

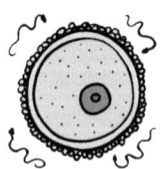

l'ovule
....
eicel

le sperme
....
sperma

la grossesse
....
zwangerschap

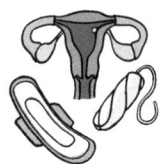

la menstruation

menstruatie

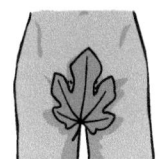

le vagin

vagina

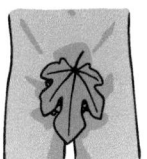

le pénis

penis

le sourcil

wenkbrauw

les cheveux

haar

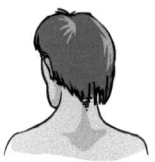

le cou

hals

l'hôpital
ziekenhuis

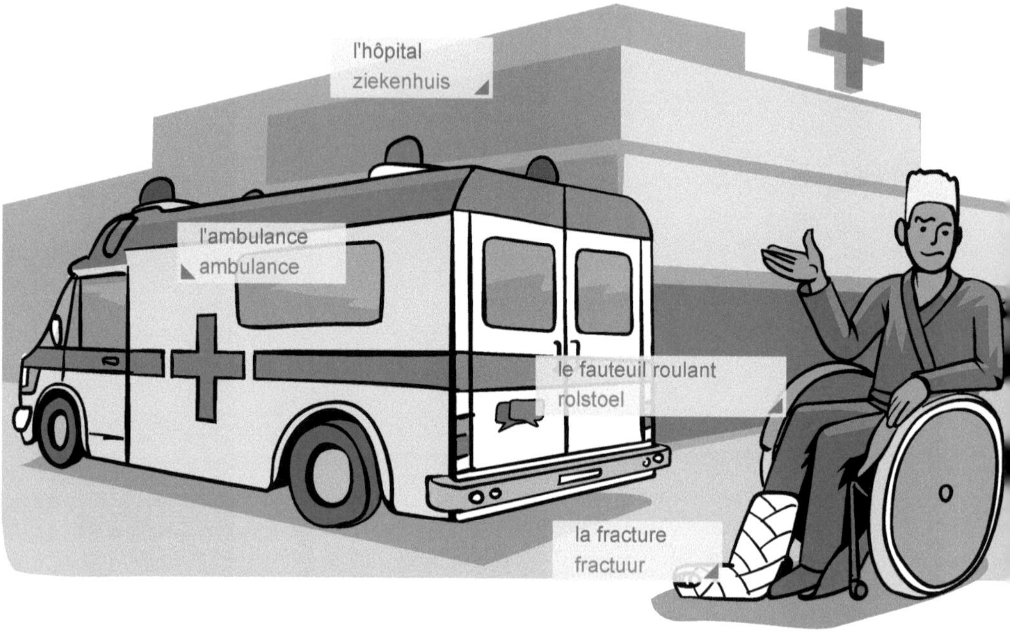
l'hôpital
ziekenhuis
l'ambulance
ambulance
le fauteuil roulant
rolstoel
la fracture
fractuur

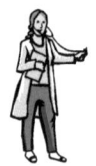

le médecin

dokter

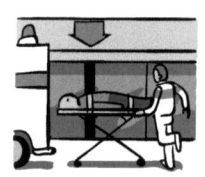

le service des urgences

EHBO

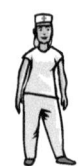

l'infirmière

verpleegster

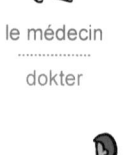

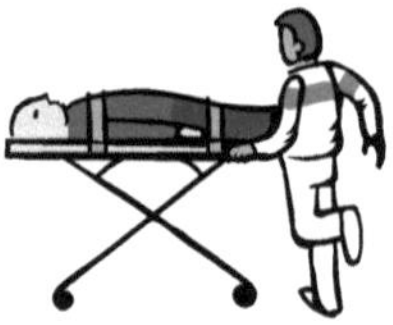

l'urgence

noodgeval

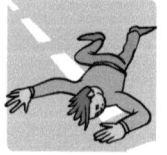

inconscient

bewusteloos

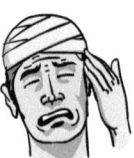

la douleur

pijn

la blessure

verwonding

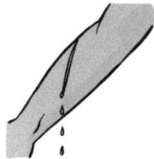

l'hémorragie

bloeding

la crise cardiaque

hartaanval

l'attaque cérébrale

beroerte

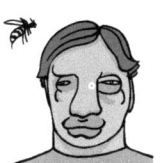

l'allergie

allergie

la toux

hoest

la fièvre

koorts

la grippe

griep

la diarrhée

diarree

le mal de tête

hoofdpijn

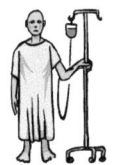

le cancer

kanker

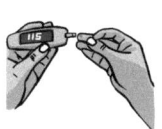

le diabète

diabetes

le chirurgien

chirurg

le scalpel

scalpel

l'opération

operatie

l'hôpital - ziekenhuis

73

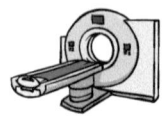

le CT

CT

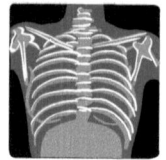

la radiographie

röntgen

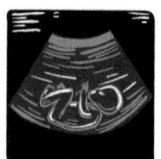

l'échographie

echografie

le masque

gezichtsmasker

la maladie

ziekte

la salle d'attente

wachtkamer

la béquille

kruk

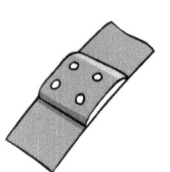

le pansement

pleister

le pansement

verband

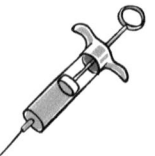

l'injection

injectie

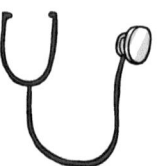

le stéthoscope

stethoscoop

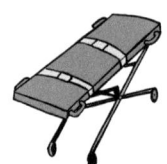

le brancard

brancard

le thermomètre

thermometer

l'accouchement

geboorte

la surcharge pondérale

overgewicht

l'appareil auditif

gehoorapparaat

le désinfectant

ontsmettingsmiddel

l'infection

infectie

le virus

virus

le VIH / le sida

HIV / AIDS

le médicament

medicijn

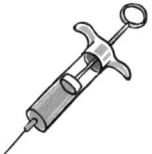

la vaccination

inenting

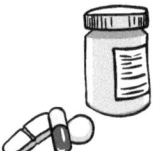

les comprimés

tabletten

la pilule

pil

l'appel d'urgence

alarmnummer

le tensiomètre

bloeddrukmeter

malade / sain

ziek / gezond

Au secours !

Help!

l'alarme

alarm

l'assaut

overval

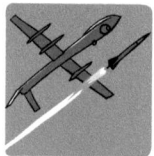

l'attaque

aanval

le danger

gevaar

la sortie de secours

nooduitgang

Au feu!

Brand!

l'extincteur

brandblusser

l'accident

ongeluk

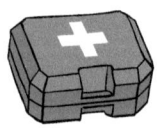

la trousse de premier
secours

EHBO-koffer

SOS

SOS

la police

politie

l'Europe

Europa

l'Amérique du Nord

Noord-Amerika

l'Amérique du Sud

Zuid-Amerika

l'Afrique

Afrika

l'Asie

Azië

l'Australie

Australië

l'Océan atlantique

Atlantische Oceaan

l'Océan pacifique

Stille Oceaan

l'Océan indien

Indische Oceaan

l'Océan antarctique

Zuidelijke Oceaan

l'Océan arctique

Noordelijke IJszee

le Pôle nord

Noordpool

le Pôle sud

Zuidpool

l'Antarctique

Antarctica

la terre

aarde

le pays

land

la mer

zee

l'île

eiland

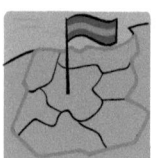

la nation

natie

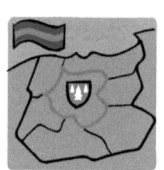

l'état

staat

le cadran

wijzerplaat

l'aiguille des heures

uurwijzer

l'aiguille des minutes

minutenwijzer

l'aiguille des secondes

secondewijzer

Quelle heure est-il ?

Hoe laat is het?

le jour

dag

le temps

tijd

maintenant

nu

la montre digitale

digitaal horloge

la minute

minuut

l'heure

uur

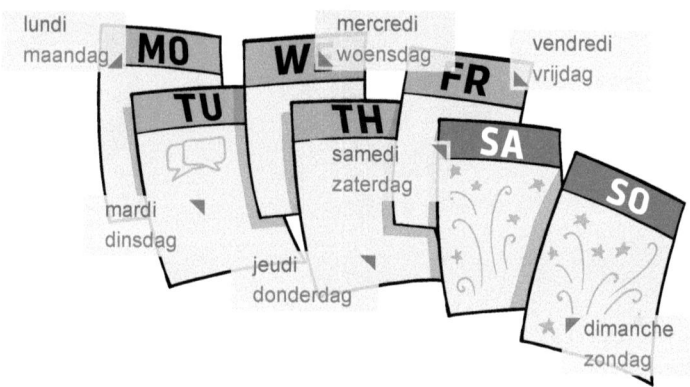

lundi / maandag — MO
mardi / dinsdag — TU
mercredi / woensdag — W
jeudi / donderdag — TH
vendredi / vrijdag — FR
samedi / zaterdag — SA
dimanche / zondag — SO

hier
gisteren

aujourd'hui
vandaag

demain
morgen

le matin
ochtend

le midi
middag

le soir
avond

les jours ouvrables
werkdagen

le week-end
weekend

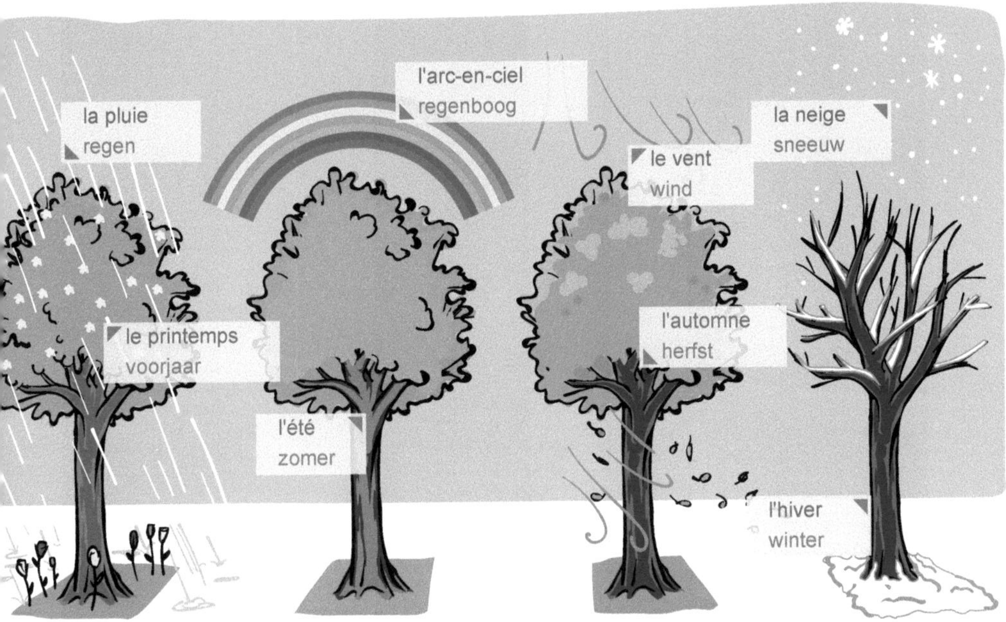

la pluie
regen
l'arc-en-ciel
regenboog
la neige
sneeuw
le vent
wind
le printemps
voorjaar
l'automne
herfst
l'été
zomer
l'hiver
winter

4.APRIL 11°
5.APRIL 4°
6.APRIL 13°
7.APRIL 8°
8.APRIL 10°

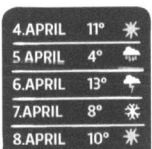

la météo

weerbericht

F C
120 90 60 30 0 -30
40 30 20 10 0 -10 -20

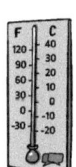

le thermomètre

thermometer

la lumière du soleil

zonneschijn

le nuage

wolk

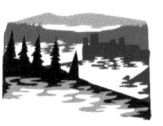

le brouillard

mist

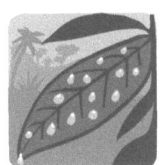

l'humidité

luchtvochtigheid

la foudre

bliksem

la tonnerre

donder

la tempête

storm

la grêle

hagel

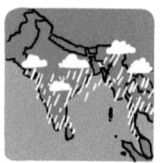

la mousson

moesson

l'inondation

overstroming

la glace

ijs

janvier

januari

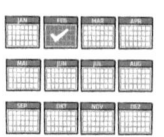

février

februari

mars

maart

avril

april

mai

mei

juin

juni

juillet

juli

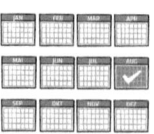

août

augustus

septembre

september

octobre

oktober

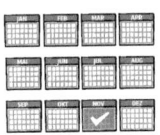

novembre

november

décembre

december

les formes

vormen

le cercle

cirkel

le carré

vierkant

le rectangle

rechthoek

le triangle

driehoek

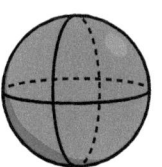

la sphère

bol

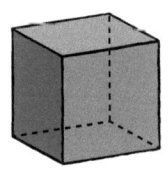

le cube

kubus

blanc

wit

jaune

geel

orange

oranje

rose

roze

rouge

rood

violet

paars

bleu

blauw

vert

groen

marron

bruin

gris

grijs

noir

zwart

beaucoup / peu

veel / weinig

fâché / calme

boos / rustig

joli / laid

mooi / lelijk

le début / la fin

begin / einde

grand / petit

groot / klein

clair / obscure

licht / donker

frère / soeur

broer / zus

propre / sale

schoon / vies

complet / incomplet

volledig / onvolledig

le jour / la nuit

dag/ nacht

mort / vivant

dood / levend

large / étroit

breed / smal

comestible / incomestible
....
eetbaar / oneetbaar

méchant / gentil
....
gemeen / aardig

excité / ennuyé
....
opgewonden / verveeld

gros / mince
....
dik / dun

le premier / le dernier
....
eerste / laatste

l'ami / l'ennemi
....
vriend / vijand

plein / vide
....
vol / leeg

dur / souple
....
hard / zacht

lourd / léger
....
zwaar / licht

faim / soif
....
honger / dorst

malade / sain
....
ziek / gezond

illégal / légal
....
illegaal / legaal

intelligent / stupide
....
intelligent / dom

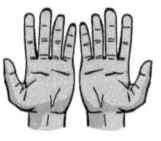

gauche / droite
....
links / rechts

proche / loin
....
dichtbij / ver

nouveau / usé
....
nieuw / gebruikt

rien / quelque chose
....
niets / iets

vieux / jeune
....
oud / jong

marche / arrêt
....
aan / uit

ouvert / fermé
....
open / gesloten

faible / fort
....
zacht / luid

riche / pauvre
....
rijk / arm

correct / incorrect
....
goed / fout

rugueux / lisse
....
ruw / glad

triste / heureux
....
verdrietig / gelukkig

court / long
....
kort / lang

lent / rapide
....
langzaam / snel

mouillé / sec
....
nat / droog

chaud / froid
....
warm / koel

la guerre / la paix
....
oorlog / vrede

les oppositions - tegenstellingen

0

zéro

nul

1

un / une

één

2

deux

twee

3

trois

drie

4

quatre

vier

5

cinq

vijf

6

six

zes

7

sept

zeven

8

huit

acht

9

neuf

negen

10

dix

tien

11

onze

elf

12

douze
twaalf

13

treize
dertien

14

quatorze
veertien

15

quinze
vijftien

16

seize
zestien

17

dix-sept
zeventien

18

dix-huit
achttien

19

dix-neuf
negentien

20

vingt
twintig

100

cent
honderd

1.000

mille
duizend

1.000.000

le million
miljoen

l'anglais

Engels

l'anglais américain

Amerikaans Engels

le chinois mandarin

Chinees Mandarijn

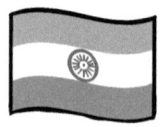

le hindi

Hindi

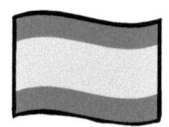

l'espagnol

Spaans

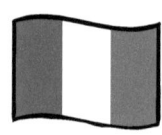

le français

Frans

l'arabe

Arabisch

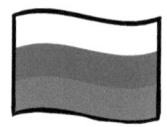

le russe

Russisch

le portugais

Portugees

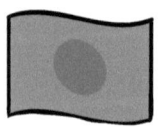

le bengali

Bengalees

l'allemand

Duits

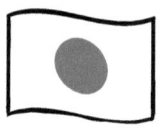

le japonais

Japans

je

ik

tu

jij

il / elle / ce, c', cela

hij / zij / het

nous

wij

vous

jullie

ils / elles

zij

Qui ?

wie?

Quoi ?

wat?

Comment ?

hoe?

Où ?

waar?

Quand ?

wanneer?

le nom

naam

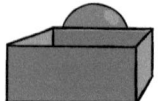

derrière
....
achter

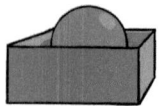

dans
....
in

devant
....
voor

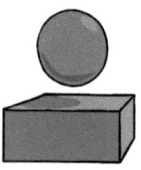

au-dessus
....
boven

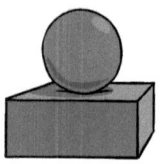

sur
....
op

en-dessous
....
onder

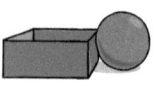

à côté de
....
naast

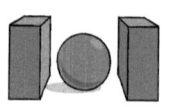

entre
....
tussen

le lieu
....
plaats